CAHIER

DU

TIERS-ÉTAT

DE LA VILLE DE PARIS.

A PARIS

Chez MÉQUIGNON, Libraire, au Palais.

1789.

CAHIER

DU

TIERS-ÉTAT

DE LA VILLE DE PARIS.

L'ASSEMBLÉE générale des Électeurs du Tiers-État de la ville de Paris, avant de procéder au choix de ses Représentans & de les revêtir de ses pouvoirs, doit exprimer ses regrets sur une convocation trop tardive, qui l'a tant forcée de précipiter ses opérations.

Comme François, les Électeurs s'occuperont d'abord des droits & des intérêts de la Nation ; comme Citoyens de Paris, ils présenteront ensuite leurs demandes particulières.

L'instruction qu'ils vont confier au patriotisme & au zèle de leurs Représentans, se divise naturellement en six parties.

La première portera sur la Constitution.

La seconde, sur les Finances.

La troisième, sur l'Agriculture, le Commerce, & la Jurisdiction Consulaire

A 2

[4]

La quatrième, fur la Religion, le Clergé, l'Education, les Hôpitaux & Mœurs.

La cinquième, fur la Légiflation.

La fixième, fur les objets particuliers à la ville de Paris.

OBSERVATIONS PRÉLIMINAIRES.

Nous prefcrivons à nos Repréfentans de fe refufer invinciblement à tout ce qui pourroit offenfer la dignité de Citoyens libres, qui viennent exercer les droits fouverains de la Nation.

L'opinion publique paroît avoir reconnu la néceffité de la délibération par tête, pour corriger les inconvéniens de la diftinction des ordres; pour faire prédominer l'efprit public, pour rendre plus facile l'adoption des bonnes Loix. Les Repréfentans de la ville de Paris fe fouviendront de la fermeté qu'ils doivent apporter fur ce point; ils la regarderont comme un droit rigoureux, comme l'objet d'un mandat fpécial.

Il leur eft enjoint expreffément de ne confentir à aucun fubfide, à aucun emprunt, que la déclaration des droits de la Nation ne foit paffée en Loi, & que les bafes premières de la Conftitution ne foient convenues & affurées.

Ce premier devoir rempli, ils procéderont à la vérification de la dette publique, & à fa confolidation.

Ils demanderont que tout objet d'un intérêt majeur foit mis deux fois en délibération, à des intervalles proportionnés à l'importance des queftions ; & ne puiffe être décidé que par la pluralité abfolue des voix, c'eft-à-dire, par plus de la moitié des fuffrages.

DÉCLARATION DES DROITS.

Dans toute Société politique, tous les hommes font égaux en droits.

Les droits de la Nation feront établis & déclarés d'après les principes qui fuivent.

Tout pouvoir émane de la Nation, & ne peut être exercé que pour fon bonheur.

La volonté générale fait la Loi ; la force publique en affure l'exécution.

La Nation peut feule concéder le fubfide ; elle a le droit d'en déterminer la quotité, d'en limiter la durée, d'en faire la répartition, d'en affigner l'emploi, d'en demander le compte, d'en exiger la publication.

Les Loix n'exiftent que pour garantir à chaque Citoyen la propriété de fes biens & la fûreté de fa perfonne.

Toute propriété eft inviolable. Nul Citoyen ne peut être arrêté ni puni que par un Jugement légal.

Nul Citoyen , même Militaire , ne peut être deftitué fans un Jugément.

Tout Citoyen a le droit d'être admis à tous les emplois , profeffions & dignités.

La liberté naturelle , civile , religieufe de chaque homme ; fa fûreté perfonnelle , fon indépendance abfolue de toute autre autorité que celle de la Loi , excluent toute recherche fur fes opinions , fes difcours , fes écrits , fes actions , en tant qu'ils ne troublent pas l'ordre public & ne bleffent pas les droits d'autrui.

En conféquence de la déclaration des droits de la Nation , nos Repréfentans demanderont expreffément l'abolition de la fervitude perfonnelle , fans aucune indemnité ; de la fervitude réelle , en indeminifant les Propriétaires ; de la Milice forcée ; de toutes commiffions extraordinaires ; de la violation de la foi publique dans les lettres confiées à la Pofte ; & de tous Priviléges exclufifs , fi ce n'eft pour les inventeurs , à qui ils ne feront accordés que pour un temps déterminé.

Par une fuite de ces principes , la liberté de la preffe doit être accordée , fous la condition que les Auteurs figneront leurs manufcrits ; que l'Imprimeur en répondra ; & que l'un ou l'autre feront refponfables des fuites de la publication.

La déclaration de ces droits naturels, civils & politiques, telle qu'elle fera arrêtée dans les États - Généraux, deviendra la charte nationale & la bafe du Gouvernement François.

CONSTITUTION.

Dans la Monarchie Françoife, la puiffance légiflative appartient à la Nation, conjointement avec le Roi ; au Roi feul appartient la puiffance exécutrice.

Nul Impôt ne peut être établi que par la Nation.

Les États - Généraux feront périodiques de trois ans en trois ans, fans préjudice des tenues extraordinaires.

Ils ne fe fépareront jamais fans avoir indiqué le jour, le lieu de leur prochaine tenue, & l'époque de leurs Affemblées élémentaires qui doivent procèder à de nouvelles élections.

Au jour fixé, ces Affemblées fe formeront fans autre convocation.

Toute perfonne qui fera convaincue d'avoir fait quelque acte tendant à empêcher la tenue des États-Généraux, fera déclarée traître à la Patrie, coupable du crime de Lèfe - Nation, & punie comme telle par le Tribunal qu'établiront les États-Généraux actuels.

L'ordre & la forme de la convocation &

de la repréfentation Nationale feront fixés par une Loi.

En attendant l'union fi défirable des Citoyens de toutes les claffes en une repréfentation & délibération commune & générale, les Citoyens du Tiers - État auront au moins la moitié des Repréfentans.

Il ne fera nommé dans l'intervalle des États-Généraux, aucune Commiffion revêtue de pouvoirs quelconques, mais feulement des Bureaux de recherche & d'inftruction, fans autorité, même provifoire, pour fe procurer des renfeignemens utiles, & 'préparer le travail des États - Généraux fubféquens. Nos Repréfentans appuieront la demande de la Colonie de Saint-Domingue, d'être admife aux États-Généraux; ils demanderont que les Députés des autres Colonies foient également admis, comme étant compofées de nos frères, & comme devant participer à tous les avantages de la Conftitution Françoife.

Dans l'intervalle des tenues d'États-Généraux, il ne pourra être fait que des Réglemens provifoires pour l'exécution de ce qui aura été arrêté dans les précédens États-Généraux, & ces Réglemens ne pourront être érigés en Loix que dans les États-Généraux fubféquens.

La perfonne du Monarque eft facrée & inviolable. La fucceffion au Trône eft héréditaire dans la race régnante, de mâle en mâle, par ordre de primogéniture, à l'exclufion des femmes ou de leurs defcendans, tant mâles que femelles, & ne peut échoir qu'à un Prince né François en légitime mariage & regnicole.

A chaque renouvellement de règne, les Députés aux derniers États-Généraux fe raffembleront de droit & fans autre convocation. La Régence, dans tous les cas, ne pourra être conférée que par eux.

Les États-Généraux actuels décideront à qui appartiendra par provifion, & jufqu'à la tenue des États-Généraux, l'exercice de la Régence, dans tous les cas où il pourra y avoir lieu de la conférer.

A chaque renouvellement de règne, le Roi prêtera à la Nation, & la Nation au Roi, un ferment, dont la formule fera fixée par les États-Généraux actuels.

Aucun Citoyen ne pourra être arrêté, ni fon domicile violé, en vertu de Lettres de cachet, ou de tout autre ordre émané du pouvoir exécutif, à peine, contre toutes perfonnes qui les auroient follicités, contre-fignés, exécutés, d'être pourfuivies extraordinairement & punies de peine corporelle, fans préjudice des

[10]

dommages & intérêts, pour lesquels elles seront solidaires envers les Parties.

Les mêmes peines auront lieu contre quiconque aura sollicité, accordé ou exécuté des Arrêts du propre mouvement.

Les Ministres, Ordonnateurs, Administrateurs en chef de tous les Départemens, seront responsables envers la Nation Assemblée en États-Généraux, de toute malversation, abus de pouvoir, & mauvais emploi de fonds.

Tout le Royaume sera divisé en Assemblées Provinciales formées de Membres de la Province, librement élus dans toutes les classes, & d'après la proportion qui sera réglée.

L'Administration publique, en tout ce qui concerne la répartition, la perception des Impôts, l'Agriculture, le Commerce, les Manufactures, les communications, les divers genres d'améliorations, l'instruction, les mœurs, sera confiée aux Assemblées Provinciales.

Les villes, les bourgs & villages auront des Municipalités électives, auxquelles appartiendra pareillement l'Administration de leurs intérêts locaux.

Les Assemblées Provinciales & les Municipalités ne pourront ni accorder des subsides, ni faire des emprunts. Tous les Membres qui les compoferont, feront pareillement refponfables de toute délibération qu'ils auroient prife à cet égard.

Le pouvoir judiciaire doit être exercé en France, au nom du Roi, par des Tribunaux compofés de Membres abfolument indépendans de tout acte du pouvoir exécutif.

Tout changement dans l'ordre & l'organifation des Tribunaux, ne peut appartenir qu'à la puiffance légiflative.

Les Nobles pourront, fans dérogeance, faire le Commerce & embraffer toutes les profeffions utiles.

Il n'y aura plus aucun anobliffement, foit par charge, foit autrement.

Il fera établi par les Etats-Généraux une récompenfe honorable & civique, purement perfonnelle & non héréditaire, laquelle, fur leur préfentation, fera déférée, fans diftinction, par le Roi, aux Citoyens de toutes les claffes qui l'auront méritée par l'éminence de leurs vertus patriotiques, & par l'importance de leurs fervices.

Les Loix formées dans les États-Généraux, feront fans délai infcrites fur les regiftres des Cours fupérieures & de tous les autres Tribunaux du Royaume; comme auffi fur les regiftres des Affemblées Provinciales & Municipales , & elles feront publiées & exécutées dans tout le Royaume.

La Conftitution qui fera faite dans les Etats-Généraux actuels , d'après les principes que nous venons d'expofer , fera la propriété de la Nation , & ne pourra être changée ou modifiée que par le pouvoir conftitutif ; c'eft-à-dire , par la Nation elle-même , ou par fes Repréfentans, qui feront nommés *ad hoc* par l'univerfalité des Citoyens, uniquement pour travailler au complément & au perfectionnement de cette Conftitution.

La charte de la Conftitution fera gravée fur un monument public, élevé à cet effet. La lecture en fera faite en préfence du Roi à fon avénement au Trône ; fera fuivie de fon ferment, & la copie inférée dans le procès-verbal de la preftation de ce ferment. Tous les Dépofitaires du pouvoir exécutif, foit civil, foit militaire ; les Magiftrats des Tribunaux fupérieurs & inférieurs ; les Officiers de toutes les Municipalités du Royaume, avant d'entrer dans l'exercice des fonctions qui leur feront confiées, jureront l'obfervation de la charte nationale. Chaque année, & au jour anniverfaire de fa fanction, elle fera lue & publiée dans les Eglifes, dans les Tribunaux, dans les Ecoles ; à la tête de chaque Corps Militaire & fur les vaiffeaux ; & ce jour fera un jour de fête folennelle dans tous les pays de la domination Françoife.

FINANCES.

ARTICLE PREMIER.

Tous les Impôts qui fe perçoivent actuellement, feront déclarés nuls & illégaux ; & cependant, par le même acte, ils feront provifóirement rétablis, pour ne durer que jufqu'au jour qui aura été fixé par les Etats-Généraux pour leur ceffation, & pour le commencement de la perception des fubfides qu'ils auront librement établis.

II.

La dette du Roi fera vérifiée ; & après l'examen, confolidée & déclarée dette nationale ; & pour faciliter fon acquit & en diminuer le poids, il fera arrêté que la Nation rentrera dans les domaines engagés, vendus ou inféodés depuis 1566. A l'égard des échanges, les Etats-Généraux ordonneront la révifion de ceux qui ne font pas revêtus de toutes les formalités légales, pour prendre enfuite le parti qu'ils jugeront le plus avantageux à la Nation fur ces échanges.

[14]

I I I.

LÉs domaines feront déclarés inaliénables par
le Roi feul , même par la voie de l'échange , &
par celle de l'engagement.

I V.

LEs domaines feront déclarés aliénables par
la Nation avec le Roi ; & feront aliénés felon
la forme , de la manière , & dans les temps
qui feront déterminés par les Etats-Généraux,
fans que le produit des ventes puiffe être em-
ployé à autre chofe qu'à la diminution de la
dette Nationale.

V.

EN procédant à la rentrée dans les domaines,
les États-Généraux veilleront à ce qu'on refpecte
le droit & l'ancienne poffeffion relativement
aux petits domaines ; & qu'il ne puiffe être
formé aucune demande en rentrée, à l'égard
des détenteurs quelconques , qu'autant qu'il
fera préalablement prouvé que l'objet eft vé-
ritablement domanial.

V I.

LEs Habitans de la Capitale déclarent re-
noncer expreffément à leurs Priviléges, foit fur
les droits d'entrée des productions de leurs

terres, foit fur les terreins de leurs habitations
& jardins d'agrément & de leur exploitation.

V I I.

TOUTE impofition diftinctive quelconque, foit
réelle ou perfonnelle, telle que taille, franc-fief,
capitation, milice, corvée, logement des gens
de guerre, & autres, fera fupprimée, & rem-
placée, fuivant le befoin, en Impôts généraux,
fupportés également par les Citoyens de toutes
les claffes.

V I I I.

LES traites ne feront perçues qu'à l'entrée
du Royaume, où les barrières feront reculées.

I X.

TOUS les droits de contrôle, centième denier, infinuations tant Eccléfiaftiques que Laïques,
fur les fucceffions & conventions ; droits de trois
ou quatre deniers pour livre fur les ventes mobiliaires, feront fupprimés le plus tôt poffible :
& cependant leur tarif fera moderé, éclairci,
& rendu précis, de manière à éviter les conteftations que ces droits occafionnent journel-
lement. Les abus, vexations & vieilles recher-
ches qui en réfultent, feront réprimés dès à
préfent, fans préjudice des moyens de Police

[16]

utiles à affurer la date , l'authenticité & la publicité des actes.

X.

LE S États-Généraux s'occuperont effentiellement de la fuppreffion des Impôts défaftreux
des Aides & Gabelles, & des moyens de les
remplacer.

IL S s'occuperont de la fuppreffion de la Ferme
du tabac , & du remplacement en un autre
Impôt.

X I.

LE S États-Généraux , dans le remplacement
des Impôts , s'occuperont principalement d'impofitions directes , qui porteront fur tous les Citoyens , fur toutes les Provinces , & dont la
perception fera la plus fimple & la moins difpen-
dieufe.

X I I.

APRÈS que les États-Généraux auront déterminé la forme des fubfides qu'ils voudront concéder , ils les partageront en deux claffes : l'une
affectée au payement des intérêts & des rembour-
femens de la dette devenue nationale ; l'autre à
l'acquit des dépenfes des différens Départemens.

X I I I.

IL fera ordonné que les fubfides de la première

mière claſſe ſuivront, & pour leur durée &
pour leur quotité, le ſort de la dette nationale.

X I V.

IL ſera établi deux caiſſes, l'une nationale,
dans laquelle tous les ſubſides deſtinés au payement de la dette conſolidée, ſeront directement
verſés & employés irrévocablement au payement
de l'arrérage & aux rembourſemens; & cette
caiſſe ſera ſous la main & dans l'adminiſ-
tration de la Nation, de la manière qui ſera
réglée par les États-Généraux.

Et l'autre caiſſe également nationale, ſera
deſtinée à recevoir le recouvrement des ſubſides qui doivent être employés aux dépenſes
des différens Départemens, après qu'elles auront été fixées par les États-Généraux, &
aux dépenſes perſonnelles du Roi, que Sa Ma-
jeſté ſera ſuppliée de régler; & auxquelles les
États-Généraux doivent, ſuivant le vœu des
Peuples, ajouter tout ce que l'amour du Roi
pour ſes ſujets auroit pu en retrancher.

X V.

LES Adminiſtrateurs des deux caiſſes, nommés par la Nation, compteront, tant en recette effective qu'en dépenſes réelles, à la
Nation.

X V I.

IL sera avisé aux moyens de simplifier les formes & de diminuer les frais de toute comptabilité, & de rendre plus prompte la reddition & l'apurement des comptes de tous les Comptables.

X V I I.

POUR consacrer à jâmais le principe fondamental qu'aucun subside ni aucun emprunt ne pourra désormais avoir lieu sans la concession libre & expresse de la Nation, tout titre d'ancien Emprunt comme d'ancien Impôt sera totalement anéanti & remplacé par un nouveau titre d'*Emprunt consolidé* de 1789, *Emprunt créé*, *Impôt consolidé*, & *Impôt créé*, &c.

X V I I I.

LA Nation s'imposera elle - même la loi de ne faire désormais aucun emprunt, sans y destiner & hypothéquer spécialement un fonds tant pour les intérêts que pour l'amortissement; & il est à souhaiter même qu'il lui soit possible de s'occuper dès à présent de l'amortissement des dettes anciennes.

X I X.

TOUTES les pensions qui seront reconnues

n'avoir pas une jufte caufe, feront fupprimées. Celles qui feront jugées exceffives feront modé-rées. Il n'en fera jamais accordé qu'à une feule époque de l'année ; on en publiera l'état, & en marge on y joindra les noms de ceux qui les auront obtenues, & les motifs qui les au-ront fait accorder.

X X.

On publiera également chaque année les comptes de chaque Département, ainfi que celui des Finances ; afin que le jugement & la cenfure de l'opinion publique puiffent en précéder & en éclaircir l'examen.

AGRICULTURE.

ARTICLE PREMIER.

L'AGRICULTURE est le premier des Arts, & le principe de toutes les richesses. Il s'agit de lui rendre tout ce dont elle a été privée, & de faire cesser les abus qui s'opposent à ses progrès.

I I.

LES États-Généraux sont spécialement & instamment invités par l'Assemblée, à prendre, le plus tôt qu'il sera possible, en considération la cherté actuelle des grains ; à en rechercher attentivement la cause & les auteurs, & à s'occuper des moyens d'y remédier efficacement & pour toujours.

I I I.

LES États-Généraux prendront en considération les moyens d'assurer la propriété des communaux, & d'en améliorer le produit.

Les terres vaines & vagues, situées ou dans l'étendue des Seigneuries du Domaine, ou dans les

Seigneuries particulières, feront inceffamment concédées aux conditions qui feront déterminées.

A l'égard des conceffions déjà faites, même fans aucune efpèce de formalités de la part des gens de main morte, en ce compris l'Ordre de Malte, elles feront confirmées.

I V.

LES États-Généraux prendront en confidération le defféchement des marais.

V.

LES États-Généraux prendront en confidération les moyens d'opérer la deftruction des pigeons, qui font le fléau de l'Agriculture.

V I.

TOUT Propriétaire aura le droit d'enclore fon héritage ; d'y cultiver tous les végétaux qu'il jugera à propos ; & d'y fouiller toutes les mines & carrières qui s'y trouveront.

V I I.

LES Capitaineries s'étendent fur quatre cents lieues carrées, & peut-être plus : elles font un fléau continuel de l'Agriculture. La liberté, la propriété y font dégradées & anéanties : les bêtes y font préférées aux hommes ; & la force

y contrarie fans ceffe les bienfaits de la Nature.

Les Députés feront fpécialement chargés
de demander la totale abolition des Capitaineries : elles font, dans leur établiffement, telle-
ment en oppofition à tout principe de Morale,
qu'elles ne peuvent être tolérées fous prétexte
d'adouciffement dans leur régime.

V I I I.

IL eft du droit naturel que tout Propriétaire puiffe détruire fur fon héritage, le gibier
& les animaux qui peuvent être nuifibles. A
l'égard du droit de chaffe, & des moyens
qu'on peut employer, foit pour la fuppreffion,
foit pour la confervation de ce droit en fupprimant les abus d'une manière facile, l'Affemblée s'en rapporte à la fageffe des Etats-
Généraux.

I X.

LES rentes foncières en argent, feront rembourfables au denier vingt-cinq.

Le droit de champart & les rentes foncières
en nature, feront rembourfables ainfi & de la
manière qu'il fera avifé par les Etats-Généraux.

Les Etats-Généraux feront priés de prendre
en confidération les banalités.

X.

LES Etats-Généraux prendront en confidération s'il convient que les Communautés d'habitans foient autorifées ou non pour plaider.

X I.

LES Etats-Généraux détermineront la lar-
geur qu'il convient de donner aux grandes routes,
pour enlever à la culture le moins de terrein
poffible.

X I I.

LA corvée en nature fera définitivement fupprimée ; ne fera jamais rétablie ; & fera con-
vertie en une preftation pécuniaire , également
fupportée , fans aucune diftinction , par les Citoyens de toutes les claffes.

X I I I.

LES Réglemens concernant la plantation des
arbres le long des routes & grands chemins,
continueront d'être exécutés , à la charge néanmoins que quand le Propriétaire n'aura pas
planté , il pourra rentrer dans la propriété des
arbres plantés , en rembourfant ceux qui auront fait les frais de plantation & d'éducation de ces arbres.

X I V.

LES droits établis fur les échanges des héritages, feront fupprimés.

X V.

LES droits de minage feront fupprimés, fauf à rembourfer, s'il y a lieu, ceux qui pourroient être fondés en titres conftitutifs.

X V I.

LES Etats-Généraux prendront en confidération le droit de parcours & celui de vaine pâture, pour déterminer s'ils doivent être fupprimés ou confervés.

X V I I.

LE Code des Eaux & Forêts fera revu & réformé, & entre autres objets fur la défenfe de faire écorce : défenfe qui intéreffe fi effentiellement le commerce important de la Tannerie ; enfemble fur l'adminiftration & le repeuplement des forêts des gens de main morte.

X V I I I.

SUPPRESSION abfolue des haras royaux & privilégiés ; liberté & encouragement aux haras particuliers, & aux perfonnes qui amélioreront les différentes efpèces d'animaux utiles à l'économie rurale & domeftique.

X I X.

TOUS les baux faits par les titulaires des bénéfices, même de ceux de l'Ordre de Malte, feront néceffairement faits par adjudication, fur affiches, publication & enchere ; & les baux ainfi faits fans anticipation ne pourront être réfiliés par la mort ou par la démiffion du Bénéficier.

X X.

PLUSIEURS Bénéficiers mettent les revenus de leurs bénéfices en fermes-générales, & les Fermiers-Généraux preffent & oppriment les Cultivateurs. Il fera défendu de faire de femblables baux : l'humanité , l'avantage de l'Agriculture qui languit par l'épuifement qu'éprouvent les Fermiers particuliers avec lefquels traitent les Fermiers-Généraux , exigent que cette précaution foit établie.

X X I.

IL fera avifé par les États-Généraux, s'il ne feroit pas néceffaire de déclarer que la Loi *Emptorem* ne doit point être fuivie, pour que les tiers Acquéreurs ne puiffent évincer ni les Fer-

miers, ni les Locataires, quels qu'ils puissent être;
& que la Loi *ÆDE*, qui fonde le droit connu
sous le nom de *Droit Bourgeois*, doit être
également abrogée.

X X I I.

TOUT Propriétaire aura la liberté de faire
des baux aussi longs que bon lui semblera,
sans être assujetti à aucune prohibition ni à
aucuns droits.

X X I I I.

IL y aura exemption de tous droits & con-
tributions pour les marais desséchés & pour les
bois nouvellement plantés, pendant vingt ans;
& pour les terres défrichées, pendant quinze
ans.

COMMERCE.

LE Commerce n'a plus besoin d'éloges; ses avantages sont connus, & il fait aujourd'hui un des objets les plus essentiels de la politique des États; il ne demande donc que liberté & secours.

ARTICLE PREMIER.

LES différens Traités de Commerce faits entre la France & les Puissances étrangères, seront examinés par les Etats-Généraux, pour en connoître & balancer les résultats, relativement à la France; & il ne pourra en être conclu aucun à l'avenir, sans que le projet en ait été communiqué à toutes les Chambres de Commerce du Royaume, & aux Etats-Généraux.

II.

IL sera établi dans les principales villes une Chambre de Commerce, composée de vingt Négocians, Marchands, Fabricans, Artistes-Mécaniciens, Artisans des plus recommandables;

au secrétariat de laquelle seront déposés toutes les Loix, Réglemens, Statuts & Tarifs de France & de l'Etranger, concernant le Commerce, ou qui pourront l'intéresser.

I I I.

ON affranchira les marchandises nationales, exportées à l'Etranger, de tous droits de sortie, & on assujettira les marchandises provenant des fabriques étrangères, à un droit d'entrée dans le Royaume, relatif à leur nature & à leur valeur (1).

I V.

ON défendra la sortie hors le Royaume, dés matières premières propres à nos Manufactures ; & on exemptera de droits les matières premières, propres à nos Manufactures, venant de l'Étranger.

V.

IL sera pris les précautions les plus sages pour prévenir le prix excessif des grains, & leur

____

(1) Si le Roi & son auguste Compagne ne faisoient usage que des étoffes de nos Manufactures, leur exemple seroit bientôt suivi par la Nation, & rendroit à nos Fabriques languissantes toute leur activité.

exploitation fera foumife à l'examen le plus approfondi des États-Généraux & des Affemblées Provinciales

V I.

ON demandera qu'il foit accordé des primes aux marchandifes de nos Fabriques qui feront exportées chez l'Étranger.

V I I.

LA difette de bois exige que l'exploitation des mines de tourbe & de charbon de terre foit encouragée.

V I I I.

ON propofera aux États-Généraux, de déterminer s'il convient, pour le plus grand avantage du Commerce, de fe conformer rigoureufement aux Réglemens faits pour les Manufactures, ou d'en modifier les difpofitions, ou enfin d'accorder aux Fabricans une liberté indéfinie.

I X.

ET dans le cas où cette liberté ne feroit pas accordée, les Infpecteurs & Sous-Infpecteurs des Manufactures feront choifis par les Chambres de Commerce, à la pluralité des voix; & ils feront tenus d'y faire le rapport de leurs vifites toutes les fois qu'ils en feront requis.

X.

Tous les droits de péage, pontonnage &
autres de cette nature, seront, dès à présent,
supprimés provisoirement, sauf à rembourser les
Propriétaires fondés en titres conſtitutifs.

XI.

Les droits d'octrois des villes, tant qu'ils
subſiſteront, ne pourront être perçus sur les
marchandiſes en paſſe-debout, & ne pourront
l'être que ſur les objets de conſommation des
villes.

XII.

L'Impôt appelé *droit de marque* ſur les
cuirs, en détruiſant en France les Tanneries
& le commerce des cuirs, nous force d'en tirer
de l'Étranger ; il eſt néceſſaire de ſupprimer
cet Impôt, ainſi que celui de la marque ſur
les fers.

XIII.

Les Amidonniers & Mégiſſiers, seront
affranchis de toutes viſites, en s'abonnant,
ſuivant leurs offres, pour les droits qui ſub-
ſiſteront encore, & dont ils pourront être
tenus.

XIV.

Toute espèce de Commerce sera interdit aux Communautés Religieuses.

XV.

Les droits excessifs de contrôle sur les ouvrages d'or & d'argent, comme essentiellement nuisibles à cette branche de Commerce, seront modérés ; & ceux qui auront été payés pour des marchandises de cette espèce exportées, seront restitués.

XVI.

Aucune refonte des monnoies, ni aucuns changemens dans le titre & dans la valeur, ne pourront être faits sans le consentement des Etats-Généraux.

XVII.

On établira dans tout le Royaume l'uniformité des poids & mesures.

XVIII.

On restituera aux veuves des Marchands & Artisans, le droit qu'elles avoient avant l'Edit de 1776, de continuer le commerce & la profession de leur mari, sans payer une nouvelle réception.

X I X.

LES Marchands exclus des charges & emplois, pour n'avoir pas payé le droit de confirmation établi par le même Édit, pourront à l'avenir être admis auxdites charges.

X X.

LES apprentissages seront rétablis, comme le seul moyen de fournir au Commerce des sujets doués des connoissances qu'il exige.

X X I.

ON demandera la suppression de l'Impôt sur le papier, comme très-préjudiciable au Commerce de Librairie du Royaume, & provoquant la contre-façon chez l'Étranger.

X X I. I.

LES propriétés anciennes des Auteurs seront conservées, & les Arrêts de 1777 seront supprimés.

X X I I I.

SI les droits sur les toiles & mousselines subsistent, ils seront diminués.

JURISDICTION

JURISDICTION CONSULAIRE,

ET OBJETS Y RELATIFS.

ARTICLE PREMIER.

L'ORDONNANCE de 1673 fera entiérement refondue, & il fera fait un Code général pour le Commerce.

II.

LA Jurifdiction Confulaire fera, à l'avenir, compofée d'un Juge choifi dans les anciens Confuls, & de fix Confuls choifis parmi les Négocians, Fabricans, Artiftes - Mécaniciens & Artifans.

III.

LES caufes confulaires portées par appel au Parlement, feront jugées fommairement, à une Audience particulière & publique, où les Parties pourront être entendues par elles-mêmes.

C

I V.

IL seroit aussi utile que juste de donner aux Juges & Consuls le droit de juger en dernier ressort jusqu'à 1000 livres, au lieu de 500 livres, qui leur a été accordé en 1563.

V.

LES Juges Consuls connoîtront, quant au civil seulement, des faillites & banqueroutes entre Marchands, Négocians, Banquiers & Gens d'affaire. En conséquence il sera procédé devant eux aux vérifications & affirmations des créances, homologations des délibérations, traités & contrats des faillis, & à la contribution des deniers mobiliaires: encore qu'il y eût des Créanciers non Marchands ; & ce nonobstant toutes attributions particulières.

V I.

LES Banqueroutiers frauduleux seront poursuivis à la requête du Ministère public ; & après qu'ils auront été déclarés tels, il seront inscrits sur un tableau placé à cet effet dans la Salle d'audience des Jurisdictions Consulaires.

V I I.

POUR mettre un frein aux Banqueroutiers

frauduleux qui s'enrichiffent par des faillites réitérées, leurs Créanciers pourront, nonobftant les remifes qu'ils auroient faites, avoir action fur les biens acquis par les faillis, ou qui leur feroient échus poftérieurement à leur faillite.

V I I I.

LE privilége des afiles de fûreté, notamment des enclos du Temple, de Saint-Jean de Latran, & de tous autres qui fervent de réfuge aux débiteurs faillis & Banqueroutiers, fera fupprimé.

I X.

LES Juges-Confuls nommeront parmi eux, ou parmi les anciens Confuls, cinq Commiffaires pour examiner la fituation active & paffive des débiteurs faillis, auxquels il ne pourra être accordé aucun répit que par les Tribunaux ordinaires, & feulement fur le certificat motivé defdits Commiffaires, fans que ledit répit puiffe donner la main levée des biens qui demeureront toujours fous la main des Créanciers.

X.

LES Sentences des Confuls feront affranchies des droits de fcel, contrôle de dépens & autres droits burfaux, fi ces droits fubfiftent.

X I.

IL ne sera accordé aucun Arrêts de défense
contre les Sentences des Consuls rendues au
Souverain, si ce n'est dans le cas où l'incom-
pétence sera évidente.

X I I.

A l'égard des Sentences rendues & sujettes
à l'appel, l'exécution provisoire n'en pourra
avoir lieu qu'à la charge de donner une bonne,
valable & solvable caution.

X I I I.

IL pourra néanmoins être accordé Arrêt de défense contre l'exécution desdites Sentences, mais
seulement à l'audience du Tribunal d'appel.

X I V.

LES Lettres de change tirées, acceptées ou
endossées par les mineurs non Commerçans
ou Artisans, pourront être déclarées nulles,
à leur égard seulement, sans qu'il soit besoin
de Lettres de rescision.

X V.

LES Sentences des Juges & Consuls seront rédigées sur les défenses & moyens som-

[37]

maires des Parties, portés au plumitif, fans
pouvoir y inférer aucuns Plaidoyers & Mémoi-
res par écrit, & ne feront point groffoyées.

X V I.

LORSQU'IL aura été prononcé une Sentence
de féparation entre mari & femme Négocians,
les meubles & effets ne pourront être vendus
qu'après que le procès-verbal de faifie exécution, fait à la requête de la femme féparée,
aura été affiché à la Jurifdiction Confulaire,
& y fera demeuré affiché pendant quinzaine.
Le jour de la vente fera indiqué dans l'Affiche.

X V I I.

LES jours de grace pour tous les billets &
Lettres de change feront uniformes dans tout
le Royaume.

X V I I I.

AUCUN Marchand ne pourra vendre fon
fonds de Commerce que quinze jours après
en avoir fait & figné fa déclaration au Greffe
des Confuls ; laquelle déclaration fera infcrite
fur un tableau expofé à cet effet dans la
Salle d'Audience.

X I X.

TOUTES Sociétés entre Marchands & autres Justiciables des Consuls , seront enregistrées au Greffe sans qu'il soit besoin de les faire contrôler.

X X.

LA contrainte par corps ne pourra avoir lieu au dessous de cent livres.

X X I.

SI les États - Généraux croient devoir laisser subsister le Mont - de - Piété , dont les avantages sembleroient devoir répondre à son titre , il est au moins très - important d'employer des moyens capables de détruire les abus qui en sont résultés.

RELIGION,

CLERGÉ,

ÔPITAUX,

ÉDUCATION,

ET MŒURS.

ARTICLE PREMIER.

LA Religion, néceffaire à l'homme, l'inftruit dans fon enfance, réprime fes paffions dans tous les âges de la vie, le foutient dans l'adverfité, le confole dans la vieilleffe. Elle doit être confidérée dans fes rapports avec le Gouvernement qui l'a reçue, & avec la perfonne qui la profeffe.

Ses Miniftres, comme Membres de l'Etat, font fujets aux Loix; comme poffeffeurs de biens, font tenus de partager toutes les charges publiques; comme attachés fpécialement au culte

C 4

divin, doivent l'exemple & la leçon de toutes les vertus.

I I.

La Religion est reçue librement dans l'Etat, sans porter aucune atteinte à sa constitution. Elle s'établit par la persuasion, jamais par la contrainte.

I I I.

La Religion Chrétienne ordonne la tolérance civile. Tout Citoyen doit jouir de la liberté particulière de sa conscience; l'ordre public ne souffre qu'une Religion dominante.

I V.

La Religion Catholique est la Religion dominante en France : Elle n'y a été reçue que suivant la pureté de ses maximes primitives; c'est le fondement des libertés de l'Eglise Gallicane.

V.

Afin de prévenir toute altération de ces libertés, qu'il ne soit permis à aucun Ecclésiastique François d'accepter des dignités & bénéfices dans des Eglises ou des Cours étrangères; ni aux Ecclésiastiques étrangers d'en posséder en France.

V I.

QUE l'article 2 de l'Ordonnance d'Orléans, qui défend tout transport de deniers à Rome, *sous couleur d'annate, vacans ou autrement,* soit exécuté selon sa forme & teneur.

V I I.

QUE les dispenses ne soient accordées que par les Ordinaires ; en connoissance de cause & gratuitement.

V I I I.

LA Jurisdiction Ecclésiastique ne s'étend, en aucune manière, sur le temporel ; son exercice extérieur est réglé par les Loix de l'Etat.

I X.

NOS pères ayant toujours désiré le maintien ou le rétablissement des élections aux Prélatures, comme le plus sûr moyen d'avoir des Ministres savans & vertueux, il sera pris des mesures pour faire revivre cette discipline primitive de l'Eglise.

X.

QUE conformément à l'article premier de l'Ordonnance d'Orléans, il ne soit, dès à présent, nommé aux Archevêchés & Evêchés,

que des Ecclésiastiques âgés de trente ans au
moins, ayant exercé les fonctions du Ministère
au moins pendant cinq années, dans un autre
état que celui de Grand-Vicaire.

X I.

POUR rendre libre l'entrée dans le Ministère Ecclésiastique & dans les Universités,
toute adhésion à des formules introduites depuis l'Ordonnance d'Orléans, sera supprimée.
Qu'il soit pris des précautions pour s'assurer
des vocation & capacité de ceux qui seront
présentés à l'état Ecclésiastique.

X I I.

QUE l'article 5 de l'Ordonnance d'Orléans,
sur la nécessité de la résidence des Archevêques,
Evêques, Abbés séculiers & réguliers, & Curés,
soit observé ; & qu'ils n'en soient jamais dispensés,
même pour service à la Cour ou dans les Conseils du
Roi, mais seulement pour l'assistance aux Conciles.

X I I I.

QU'A défaut de résidence desdits Prélats &
Curés, leurs revenus soient acquis aux Hôpitaux du diocèse ; & les Administrateurs d'i-
ceux tenus d'en poursuivre la délivrance ; à peine
d'en répondre en leur propre & privé nom.

[43]

X I V.

QUE les Chanoines foient pareillement tenus
à réfidence dans leurs églifes, & fous les mêmes
peines.

X V.

QUE nul Eccléfiaftique, pourvu de bénéfices,
ou jouiffant de penfions fur iceux, produifant
trois mille livres de revenu , ne puiffe tenir
aucun autre bénéfice ou penfion.

X V I.

NE pourront lefdits Eccléfiaftiques s'occuper
d'emplois ou trafics peu convenables à leur état;
& feront tenus de garder dans leurs habits &
conduite, la décence néceffaire pour fe conci-
lier le refpect des peuples.

X V I I.

LES vœux de Religion qui feront faits à
l'avenir, ne lieront point les Religieux & Religieufes au Monaftère, & ne feront perdre aucun des droits civils. Ne pourront lefdits Religieux & Religieufes difpofer de leurs biens,
mobiliers ou immobiliers, en faveur defdits Monaftères.

X V I I I.

LES difpofitions de l'Edit de 1768, fur la

conventualité, seront exécutées même dans les
Monastères de filles. Les Chefs de Maisons
Religieuses seront tenus de rendre compte aux
Assemblées Provinciales, des travaux utiles aux-
quels ils s'occupent pour le bien de l'Eglise &
de l'Etat.

X I X.

LES Couvens de Religieux & Religieuses
mendians, jugés nécessaires, seront dotés par
l'union de quelques bénéfices, & la mendicité
sera généralement interdite.

X X.

IL sera avisé par les Etats - Généraux, aux
moyens de pourvoir à ce que les Curés des campagnes aient au moins douze cents livres de
revenu dans les pays les plus pauvres ; les Vicaires six cents liv. ; que les Curés des villes, ainsi
que les Vicaires qui leur seront nécessaires, soient
suffisamment dotés ; & l'article 15 de l'Ordonnance d'Orléans observé en ce qui concerne la suppression de tout casuel exigible.

X X I.

QUE l'article 22 de l'Edit de 1695 soit abro-
gé ; en conséquence les reconstructions & ré-

parations des nefs d'églife, presbytères, cimetières, ainfi que les fournitures & entretien d'or-
nemens, livres & vafes facrés, foient à la charge
des revenus eccléfiaftiques.

XXII.

QU'IL foit pourvu tant par la deftination
d'un certain nombre de canonicats , que par
la création & établiffement de penfions, à l'af-
furance d'une retraite pour les Eccléfiaftiques
qui auront vieilli dans les travaux du Minif-
tère , & qui n'auront ni bénéfice fimple ou
penfion, ni patrimoiné fuffifant.

XXIII.

ENTRE les moyens de pourvoir à l'exécution des articles précédens, les Etats-Généraux
prendront en confidération ceux qui fuivent:
Que les Evêques foient tenus de procéder fans
aucun délai, les formes de droit gardées, d'a-
bord à la fuppreffion & union de bénéfices tenus en commande; enfuite de bénéfices fimples;
de menfes conventuelles de Monaftères reconnus
inutiles; d'églifes collégiales; même de bénéfices de nomination royale. En attendant
l'effet defdites fuppreffions , tous les revenus
des Abbayes étant actuellement aux Economats,
feront employés auxdits objets, fans qu'ils puif-

sent être détournés à autre destination ; & en cas d'insuffisance , la moitié des revenus des Abbayes de nomination royale qui deviendront vacantes , sera employée aux mêmes objets.

X X I V.

QU'IL soit avisé à la réformation de l'article 11 de l'Edit de 1695 , de manière que les Curés demeurent libres de choisir leurs Coopérateurs & que les peuples ne soient pas privés arbitrairement de Ministres auxquels ils auroient donné leur confiance.

X X V.

L'ARTICLE 34 de l'Edit de 1695 sera réformé, en ce qu'il attribue aux Juges Ecclésiastiques la connoissance des causes matrimoniales.

X X V I.

QUE les fêtes soient réduites ou remises au Dimanche ; que conformément aux Réglemens, il soit sévérement défendu de travailler publiquement & extérieurement le Dimanche , si ce n'est dans le temps des récoltes , & dans les nécessités publiques.

X X V I I.

LES Administrateurs des Hôpitaux seront

renouvellés par moitié tous les trois ans, & choifis par les Communes de la ville où fe trouvent ces Hôpitaux. Ils feront refponfables envers ces Communes ; fous la furveillance des Affemblées municipales, & fupérieurement des Affemblées Provinciales.

X X V I I I.

Que les dépôts de mendicité foient abolis, & des ateliers publics ouverts, dans lefquels les perfonnes de tout âge, de tout fexe, valides ou invalides, puiffent trouver dans tous les temps, & fur-tout pendant l'hiver, une occupation convenable à leur état & à leur fituation : A l'égard des perfonnes connues & domiciliées, le Chef des ateliers leur fournira des ouvrages de nature à les occuper dans leur maifon : le tout fous l'infpection des Affemblées Provinciales & Municipales.

X X I X.

Les Etats-Généraux feront priés d'avifer à la réforme & à l'amélioration des études publiques.

X X X.

Les Ecoles particulières établies dans les Séminaires, feront ouvertes au Public, & foumifes à la furveillance des Juges des lieux ; fi-

non elles feront interdites , & les bourfes fondées
dans lefdits Séminaires , transférées dans l'Uni-
verfité la plus prochaine.

X X X I.

IL fera établi dans chaque Paroiffe ayant plus
de cent feux , un Maître & une Maîtreffe
d'école, pour donner des leçons gratuites à tous
les enfans de l'un & de l'autre fexe ; & une
Sœur de Charité pour foigner les malades.

X X X I I.

AJOUTANT à l'article 25 de l'Edit de 1695 ,
il fera ordonné que, lors de l'examen pour la
réception ou renvoi defdits Maîtres & Maîtreffes
d'école, feront appelés le Syndic & quatre
Notables de la Paroiffe, même deux Curés voi-
fins, au choix defdits Maîtres & Maîtreffes, s'ils
le requièrent , le tout fous l'infpection des Affemblées Provinciales & Municipales.

X X X I I I.

LES fonds pour le payement defdits Maîtres & Maîtreffes d'écoles, & Sœurs de Charité,
approvifionnement de livres & papiers pour
l'école, fournitures gratuites de médicamens pour
les pauvres, feront pris par addition fur les
fonds

[49]

fonds deſtinés aux réparations des églifes &
presbytères.

X X X I V.

TOUTES les maiſons de Jeux & les Loteries
feront fupprimées comme contraires aux bonnes
mœurs , & funeftes à toutes les claffes de la
Société.

X X X V.

LES Réglemens contre les Banquiers des Loteries étrangeres feront exécutés , & les miſes
feront confifquées.

X X X V I.

LES Etats-Généraux prendront en confidération les moyens d'opérer la réforme & la reſ-
tauration des mœurs.

X X X V I I.

IL eſt expreſſément défendu fous la loi de
l'honneur , à tout Députe des Etats Généraux,
d'accepter , foit pendant leur tenue , foit dans
les trois années qui fuivent , aucunes graces,
gratifications & penfions pour eux , ou pour leurs
enfans.

D

LÉGISLATION.

ARTICLE PREMIER.

L'OBJET des Loix est d'assurer la liberté & la propriété. Leur perfection est d'être humaines & justes, claires & générales ; d'être assorties aux mœurs & au caractère national ; de protéger également les Citoyens de toutes les classes & de tous les ordres ; & de frapper, sans distinction de personnes, sur quiconque viole l'ordre public ou les droits des individus.

II.

UN assemblage informe de Loix Romaines & de Coutumes barbares, de Réglemens & d'Ordonnances sans rapport avec nos mœurs, comme sans unité de principes, conçus dans les temps d'ignorance & de trouble, pour des circonstances & un ordre de choses qui n'existent plus, ne peut former une Législation digne d'une grande Nation, éclairée de toutes les lumières que le génie, la raison & l'expérience ont répandues sur tous les objets.

I I I.

IL fera donc propofé aux États-Généraux
d'établir un ou plufieurs Comités, compofés
de Magiftrats, de Jurifconfultes & de Citoyens
éclairés, choifis dans les différentes claffes de
la Nation, lefquels s'occuperont de refondre
toutes les Loix anciennes & nouvelles, civiles
& criminelles, & de former, autant qu'il fera
poffible, une Loi univerfelle, qui embraffe toutes les matières & gouverne toutes les propriétés
& toutes les perfonnes foumifes à la domination Françoife. Les Etats-Généraux recomman-
deront fur-tout à ces Comités, de travailler
d'abord à la réformation & à la fimplification
de la procédure civile & criminelle.

I V.

LES plans arrêtés par ces différens Comités, feroient préfentés aux prochains États-Généraux, pour y être examinés & recevoir la
fanction légale.

V.

ET cependant, fans attendre la fin d'un travail qui fera néceffairement très-long, les États-
Généraux s'occuperont, dès à préfent, de la
fuppreffion des Commiffions du Confeil, de

[52]

celle des Commiſſaires départis, des Chambres ardentes , & ſucceſſivement de tous les Tribunaux d'exception, dont les fonctions reviendront aux Tribunaux ordinaires.

V I.

EN MATIÈRE CIVILE.

IL leur ſera pareillement propoſé de s'occuper dès à préſent des articles ſuivans.

1°. Il ſera choiſi par les habitans, dans des arrondiſſémens de cinq ou ſix bourgs ou villages , un certain nombre de Notables, honorés de la confiance publique, leſquels jugeront ſur le champ, ſans frais & ſans appel, les conteſtations journalières qui s'élèvent dans les campagnes à l'occaſion des rixes , des petits vols de fruits , des dommages faits aux arbres & aux récoltes, du glanage, des anticipations & entrepriſes dés Laboureurs ſur les héritages voiſins , & toutes les cauſes qui n'excéderont pas vingt - cinq livres. Les Notables pourront juger ſans appel, toutes les autres conteſtations où les deux Parties conſentiront de s'en rapporter à leur arbitrage.

2°. Les rapports des inſtances & procès ne pourront ſe faire qu'en préſence des Parties & de leurs Défenſeurs.

3°. Les Juges, même ceux des Cours fupérieures, feront tenus d'opiner à voix haute,
foit dans les audiences, foit au rapport, &
de motiver chacune des difpofitions effentielles
de leurs jugemens.

4°. Les épices & vacations feront fupprimées,
fauf à pourvoir aux honoraires des Juges; &
l'Arrêt du Confeil, qui commande aux Juges
de fe taxer des épices à peine d'amende, fera
révoqué.

5°. Dans tout contrat de prêt, il fera permis aux Parties de ftipuler l'intérêt de l'argent au taux fixé par la Loi, même fans aucune
retenue des impofitions royales.

6°. Les Arrêts de défenfe ne pourront être
accordés qu'à l'audience.

7°. Dans les matières de caffation, le Confeil du Roi ne pourra jamais prononcer fur
le fond des conteftations, notamment dans celles
où le Roi fera intéreffé ; mais il fera tenu
de renvoyer le jugement au Tribunal le plus
prochain, de la même nature que celui dont
l'Arrêt ou Jugement aura été anéanti.

8°. Il fera formé une caiffe publique où
l'on verfera les dépôts judiciaires, même ceux
des Confignations, & le produit des baux
judiciaires ; & on prendra les moyens conve-

nables pour leur faire produire des intérêts au profit des ayant droit.

V I I.

EN MATIÈRE CRIMINELLE.

1°. Aucun Citoyen domicilié ne pourra être arrêté ni même obligé de comparoître devant aucun Magiſtrat, ſans un décret émané du Juge compétent ; excepté dans les cas où il auroit été pris en flagrant délit, ou arrêté à la clameur publique par les Gardes chargés de veiller à la ſûreté & à la tranquillité publique ; & dans ce cas, le Citoyen arrêté ſera mené ſur le champ, & dans les vingt-quatre heures au plus tard, devant le Tribunal compétent, qui décernera un décret, s'il y a lieu, pour le conſ-tituer priſonnier ; ou le renverra, s'il n'y a aucune preuve de délit.

2°. Nul Citoyen ne pourra être décrété de priſe de corps que pour un délit qui em-porte peine corporelle.

3°. Tout Accuſé aura, même avant le pre-mier interrogatoire, le droit de ſe choiſir des Conſeils ; & dans le cas où il ne ſeroit pas en état de s'en choiſir lui-même, il lui en ſera donné un par le Juge, avec la liberté de l'accepter ou de le refuſer.

4°. Le ferment exigé des Accufés étant évidemment contraire au fentiment naturel qui attache l'homme à fa propre confervation, n'eft qu'une violence faite à la nature humaine, inutile pour découvrir la vérité, & propre feulement à affoiblir l'horreur du parjure. La raifon & l'intérêt des mœurs exigent donc que ce ferment foit fupprimé.

5°. La publicité des procédures criminelles établie autrefois en France, & en ufage, dans tous les temps, chez prefque toutes les Nations éclairées, fera rétablie, & l'on fera déformais l'inftruction portes ouvertes & l'audience tenant.

6°. En matière criminelle, le jugement du fait fera toujours féparé du jugement du droit. L'inftitution des Jurés pour le jugement du fait paroiffant la plus favorable à la fûreté perfonnelle & à la liberté publique, les États-Généraux chercheront par quels moyens on pourroit adapter cette inftitution à notre Légiflation.

7°. Tous les Tribunaux, fans diftinction, feront tenus d'énoncer dans les Arrêts & Sentences de condamnation, fous peine de nullité, la nature du délit, & les chefs de l'accufation, d'indiquer les preuves fur lefquelles ils auront prononcé leur jugement, & de citer le texte de la Loi qui prononce la peine.

8°. Tout Accusé dont le crime n'est pas prouvé aux yeux de la Loi, étant présumé innocent, la formule de *hors de Cour* sera supprimée, & l'Accusé sera absous des chefs d'accusation sur lesquels il n'y aura pas de preuve complète & légale.

9°. La Législation, en établissant des peines contre le coupable qui aura violé la Loi, doit aussi établir une réparation pour l'innocence injustement accusée. Ainsi tout Accusé déchargé des accusations intentées contre lui, pourra réclamer la publication & l'affiche du jugement, & des indemnités proportionnées au dommage qu'il aura souffert dans son honneur, sa santé, ou sa fortune. Cette indemnité sera prise sur les biens des Dénonciateurs ou Accusateurs, & subsidiairement sur des fonds publics assignés pour cet objet.

10°. La confiscation n'aura plus lieu ; les biens du condamné passeront aux héritiers, les frais & les dommages & intérêts préalablement pris sur iceux.

11°. La modération des Loix pénales caractérise la douceur des mœurs & la liberté des Gouvernemens. L'observation a prouvé que l'extrême sévérité des peines a des effets directement contraires au but même de la Loi ; qu'elle tend à endurcir les ames, & à rendre les mœurs cruelles, en familiarifant l'imagination avec des fpectacles atroces; qu'elle diminue l'horreur du crime, & en favorife fouvent l'impunité, en excitant la compaffion en faveur du criminel. Il fera donc fait une Loi pour fupprimer toute torture préalable à l'exécution, & tout fupplice qui ajoute à la perte de la vie, des fouffrances cruelles & prolongées.

12°. La peine de mort fera réduite au plus petit nombre de cas poffibles, & réfervée aux crimes les plus atroces.

13°. Les coupables du même crime, de quelque claffe qu'ils foient, fubiront la même peine.

14°. Les prifons, dans l'intention de la Loi, étant deftinées non à punir les prifonniers, mais à s'affurer de leur perfonne, on fupprimera par-tout les cachots fouterrains; on s'occupera des moyens de rendre l'intérieur des autres prifons plus falubre, & on veillera à l'exécution des Réglemens relatifs à la police & aux mœurs des prifonniers.

Il fera établi des ateliers de travail dans les maifons de reclufion, ainfi que dans toutes les prifons où cet établiffement ne nuira point à la fûreté.

15°. Toute Partie, en matière civile, aura de droit la liberté de plaider fa caufe elle-même; en matière criminelle, chaque Citoyen pourra fe charger de plaider la caufe de l'Accufé.

16°. L'ufage de la fellette fera aboli.

17°. Les Etats-Généraux prendront en confidération le fort des Efclaves noirs, ou hommes de couleur , tant dans les Colonies qu'en France.

MUNICIPALITÉ.

LA ville de Paris, à raifon de fon étendue & de fa population, de fon commerce & de fon induftrie, des deux excès de luxe & de détreffe dont elle eft le mélange, de fa richeffe & de fes befoins multipliés & renaiffans, du foin pénible & affidu de pourvoir à fa fubfiftance, eft, fans comparaifon, celle des villes du Royaume qui exige l'adminiftration la plus active & la plus vigilante, la plus fagement organifée & la mieux concertée dans tous fes mouvemens.

ARTICLE PREMIER.

EN conféquence, le Tiers-Etat demande pour la ville de Paris, une Adminiftration compofée de Membres librement élus par tous les Citoyens, & renouvellés tous les trois ans ; formée à l'inftar des Affemblées Provinciales, chargée des mêmes fonctions, & ayant les mêmes rapports avec les Etats-Généraux, laquelle Adminiftra-tion fera, fuivant le régime qu'elle établira, les fonctions du Corps Municipal , & aura la gestion des propriétés de la ville.

I I.

TOUTES les Charges du Corps de Ville actuel seront supprimées & remboursées sur le pied des dernieres ventes , comme l'ont été celles de la Maison du Roi.

I I I.

IL ne sera plus nécessaire d'être né à Paris, pour être éligible & admis dans l'Assemblée de Paris.

I V.

L'ASSEMBLÉE de Paris mettra au nombre de ses premiers & de ses plus importans travaux , de s'occuper des Hôpitaux de Paris.

V.

ET en attendant , les comptes de tous les Hôpitaux , tant en recette qu'en dépense , seront rendus publics tous les ans , par la voie de l'impression.

V I.

QUAND quelqu'un aura été blessé , on le

[61]

tranfportera dans le lieu le plus prochain, où il
pourra recevoir des fecours & où l'Officier
public fe tranfportera.

V I I.

L'Assemblée de Paris s'occupera dè
l'adminiflration du Bureau des Nourrices, & dè
l'éducation & de la confervation des Enfans-
trouvés.

V I I I.

Il fera ouvert des afiles décens aux jeunes
perfonnes honnêtes, mais infortunées, que preffe
l'indigence & que le vice peut tenter.

I X.

On donnera une attention particulière aux
établiffemens deftinés à recevoir les vieillards
honnêtes & indigens.

X.

L'Assemblée de Paris fera faire, tous
les mois, la vifite des prifons, pour s'affurer de
l'état des prifons, du fort des prifonniers, & de
l'exécution des Réglemens.

X I.

L'Assemblée du Tiers-Etat de Paris

renonce au privilége des Bourgeois, relativement à la compétence exclufive du Prévôt de Paris, ainfi qu'au privilége attribué au fcel du Châtelet & au droit de fuite ; & elle demande qu'en fupprimant tous les priviléges de toute efpèce exiftans dans le Royaume, ceux-ci ne foient point exceptés.

X I I.

LES Adminiftrations Provinciales, & particulièrement l'Adminiftration de Paris, examineront avec attention s'il convient de maintenir , réformer ou fupprimer les Corporations & Jurandes.

Il fera pareillement renvoyé à l'Affemblée de Paris, l'examen de la queftion s'il convient de maintenir , réformer ou fupprimer les priviléges des Maifons du Roi & des Princes, & ceux des Corps & des Nations.

X I I I.

QUE dans les halles on fupprime le droit de plaçage , & en général tout impôt fur les marchés; & que, pour s'y établir, le Marchand n'ait befoin que du confentement de l'Officier public.

X I V.

QU'ON démoliffe la prifon des Galériens

pour réunir le port de la Tournelle à celui
de la halle aux vins.

X V.

QUE l'on pèfe avec le plus grand foin les
intérêts & les droits des habitans du fauxbourg
Saint-Marcel, relativement au projet de dé-
tourner la rivière de Bièvre pour la réunir à
l'Yvette.

X V I.

QUE tous priviléges pour les voitures publiques foient fupprimés, & que les carroffes
de remife & de place ne foient plus affujettis
à aucune rétribution.

X V I I.

QUE les Loix relatives à la falfification
de vins & autres liqueurs potables, foient rigoureufement exécutées.

X V I I I.

QUE l'on ne puiffe dépofféder, fans payement préalable & due eftimation, aucun
Propriétaire des maifons & places à lui appar-
tenantes, qui feront prifes pour l'utilité &
l'embelliffement de la ville.

X I X.

QUE l'Ifle Saint-Louis foit jointe à celle de la Cité, par un terre-plein, ou par un pont fur lequel les voitures puiffent paffer.

X X.

QUE les quais foient continués d'une extrémité de Paris à l'autre, en confervant & en établiffant les ports néceffaires.

X X I.

QU'IL foit conftruit une gare, fi néceffaire au commerce & à la navigation, & qu'il foit appliqué à fon établiffement l'Impôt perçu par la Ville, depuis 20 ans, fous le nom de *droit de gare.*

X X I I.

L'ASSEMBLÉE de Paris examinera s'il ne feroit pas avantageux que les cimetières, les tueries, les fonderies de fuif, & toutes les Fabriques qui réuniffent un grand amas de matières combuftibles, fuffent éloignés & ifolés hors des barrières de Paris, & qu'il en fût de même de tous les ateliers dont les émanations peuvent être pernicieufes.

X X I I I.

XXIII.

QUE la caisse des Marchés de Sceaux & de Poissi soit supprimée.

XXIV.

QUE l'imposition pour le logement des gens de guerre soit supprimée, & que les casernes soient acquises par la ville de Paris.

XXV.

QUE les droits d'entrée des marchandises de toutes espèces arrivantes à Paris, ne puissent être perçus qu'à raison de leur poids & mesure au moment de la perception.

XXVI.

EN supprimant à l'entrée de Paris les droits imposés par l'Edit d'Août 1781, sur les sucres & cafés, en y substituant un droit de vingt sols seulement par quintal à l'entrée du Royaume, on parviendroit à détruire la contrebande sur cet objet, & il en résulteroit un grand avantage pour le produit de l'Impôt.

XXVII.

QU'EN attendant leur suppression totale, on diminue les droits excessifs aux entrées de Paris sur les vins & eaux-de-vie, attendu qu'ils provoquent la contrebande, également onéreufe au commerce & nuifible au produit de l'Impôt.

X X V I I I.

QUE néanmoins il foit pris des mefures , lors de la fuppreffion ou modération des droits aux entrées de Paris, pour donner le temps de confommer les vins & eaux-de-vie qui y feroient alors emmagafinés.

X X I X.

QUE jufqu'à la fuppreffion des droits d'entrées, les vins, eaux-de-vie & autres efpèces de marchandifes deftinées pour l'approvifionnement de Paris, puiffent être emmagafinés hors fes barrières fâns payer aucun droit ; à la charge cependant de juftifier de leur entrée à Paris.

X X X.

QUE fi les Aides fubfiftent, on faffe ceffer l'arbitraire du droit de gros qui fe perçoit fur les vins deftinés pour les environs de Paris, & qu'on en fixe la perception d'après le prix commun du lieu du cru.

X X X I.

QUE les droits que la ville de Paris perçoit fur les vins & eaux-de-vie, fous la dénomination de *Déchargeurs*, *Rouleurs*, *Jurés-Vendeurs*, *Officiers - Metteurs à port*, foient fupprimés, parce que la ville ne gage plus ces fortes d'Ouvriers, dont les falaires font payés à l'arrivée par les confommateurs, & que de cette perception il réfulte un double emploi.

X X X I I.

QU'ON fupprime pareillement l'Impôt perçu par la ville, fous le titre de *Contrôleurs-Jaugeurs*, Officiers qui ne fubfiftent plus.

X X X I I I.

QUE les droits d'entrée à Paris, pour la portion affectée aux hôpitaux & aux dépenfes de la ville, foient convertis en une impofition plus fimple & d'une perception plus facile.

X X X I V.

L'ASSEMBLÉE de Paris s'occupera des moyens de remettre en activité les Règlemens qui jufqu'ici ont été inutiles pour réprimer le fcandale de la proftitution publique.

X X X V.

QUE les Colléges foient diftribués également dans tous les quartiers de Paris, pour y répandre & faciliter l'inftruction.

[68]

X X X V I.

Qu'il soit construit un pont vis-à-vis l'Arsenal, & que les murs qui enferment la ville soient abattus ; que les bâtimens qui font aux portes soient employés à des objets utiles, en en supprimant les emblêmes de la fiscalité.

X X X V I I.

Les Etats-Généraux prendront en considération les moyens d'étendre l'utilité de la Bibliotheque du Roi, & de procurer au Public la liberté d'y entrer tous les jours, matin & soir.

X X X V I I I.

Il sera représenté aux Etats-Généraux l'avantage d'établir un dépôt public, où sera consigné un double du répertoire que les Notaires font obligés de tenir de tous les actes qui se passent devant eux.

X X X I X.

L'Assemblée de Paris s'occupera des moyens de préserver les maisons de la partie septentrionale, des eaux qui inondent les caves.

X L.

Que les Etats-Généraux s'assemblent déformais à Paris, dans un édifice public destiné à cét ufage. Que fur le frontifpice il foit écrit: PALAIS DES ÉTATS-GÉNÉRAUX, & que fur le fol de la Baftille détruite & rafée, on établiffe une place publique, au milieu de laquelle s'élevera une colonne d'une architecture noble & fimple, avec cette infcription : A *LOUIS XVI*, *Reflaurateur de la liberté publique.*

Signé
{
T A R G E T, Préfident élu librement.
C A M U S, fecond Préfident élu librement.
B A I L L Y, Secrétaire élu librement.
G U I L L O T I N, fecond Secrétaire élu librement.
}

Suivent plufieurs fignatures des Commmiffaires.

F I N.

De l'Imprimerie de MOUTARD, Imprimeur-Libraire de la REINE, rue des Mathurins, Hôtel de Cluni.